Speak in a Week
Italian
Week Three

Original design by Donald S. Rivera
Illustrations by Julie Bradbury
Written by Rosamaria Ruggeri

Published & distributed by

Penton Overseas, Inc.
Carlsbad, CA

Speak in a Week®
Italian:
Week Three

© ℗ 2005 Penton Overseas, Inc.

Published and distributed by Penton Overseas, Inc.,
1958 Kellogg Avenue, Carlsbad, CA 92008.
www.pentonoverseas.com

Contact publisher by phone at (800) 748-5804
or via email, info@pentonoverseas.com.

First printing 2005
ISBN 1-59125-546-5

Contents:

How to Use Speak in a Week:

Start with **Lesson Seventeen** which picks up where Lesson Sixteen of Week Two left off. Continue to follow the lessons in order so you learn everything well. Master each lesson before you go to the next one.

Each lesson begins with an outline of what you'll be learning, followed by ten illustrated examples, first in Italian, then in English. For every lesson, there's a track on the audio CD to help you with Italian pronunciation.

On the illustrated pages, you'll also find extra grammar tips, helpful hints, and interesting facts about Italian-speaking cultures. Following the eight lessons, you'll find a reference section with basic info, more words, and extra grammar.

When you've finished the lessons, go to the audio CD and listen to the last five tracks: **The Mastery Exercises.** You'll play with the Italian you now know, so that you'll be able to make new sentences from what you've learned.

You'll be speaking Italian!

In this lesson you will learn . . .

• the different forms of the verb **essere** (*to be*).

<u>Singular</u>			<u>Plural</u>		
io	**sono**	I am	*noi*	**siamo**	we are
tu	**sei**	you are	*voi*	**siete**	you are
lui	**è**	he is	*loro*	**sono**	they are
lei	**è**	she is			
Lei	**è**	you are (formal singular)	*Loro*	**sono**	you are (formal plural)

Uses of the verb **essere** *(to be)*

• To identify someone	**Sono Roberto.**
• Nationality and origin	**Lui è italiano.**
• Profession	**Siamo professori.**
• Physical features	**Tu sei molto alto.**
• Personal traits	**Mia madre è molto simpatica.**
• Ownership	**La macchina è di mio fratello.**
• Marital status	**Loro sono divorziati.**
• Dates and time	**Che ora è?**
• Location of people	**Sono a Roma.**
• Location of places	**Il Colosseo è qui vicino.**
• Location of things	**Il libro è sulla mia scrivania.**
• States of being (emotional)	**Noi siamo nervosi.**

Tommaso è . . .

americano.

della California.

Use è (essere) to express nationality or origin. The adjective or predicate following the verb agrees with the subject in number and gender. Mastery Exercise: Lucia è americana. (The adjective ends in -a, because the subject is feminine.)

3

Thomas is . . .

American.

from California.

Mastery Exercise: Lucy is American.

Lui è . . . .

maestro.

avvocato.

Use è to describe someone's profession.
To describe a woman's profession, say:
Lei è maestra or lei è avvocatessa.

5

He is . . .

a teacher.

a lawyer.

Careful! The indefinite articles (un, uno, una un')
are not used after the verb essere when expressing
a person's occupation.

6

Sandra è . . .

alta.

bella.

Use è (essere) to describe a physical characteristic of a person, place or thing.

7

Sandra is . . .

tall.

good-looking.

Don't forget! If you are describing a man, you must change the descriptive adjective to the masculine form.

Loro sono . . .

attori.

musicisti.

È is always singular. To talk about more than one, use sono. Don't forget – plural nouns require plural adjectives.

They are . . .

actors.

musicians.

Words ending in -ore are often identical or very similar in English and Italian.

Lei è . . .

sposata.

nubile.

Adjective Exercise:
How would you say . . . He is married.
Now try . . . He is single.

11

She is . . .

married.

single.

Use è (essere) to identify a person's marital status.
Answer: Lui è sposato. Answer: Lui è celibe.

Oggi è . . .

	MAY					
S	M	T	W	Th	F	S
	1	2	3	4	**5**	6
7	8	9	10	11	12	13
14	15	16	17	18	19	20
21	22	23	24	25	26	27
28	29	30	31			

il cinque maggio.

	CALENDAR					
S	M	T	W	Th	F	S
	1	2	3	4	5	6
7	8	9	10	11	12	13
14	15	16	17	18	19	20
21	22	23	24	25	26	27
28	29	30				

martedì.

Use è (essere) for singular times and dates:
È aprile. (It is April.) È lunedì. (It is Monday.)
È l'una. (It's one o'clock.)

13

Today is . . .

May 5th.

Tuesday.

Do you know all the Days of the Week (Glossary Page 185), and all the Months of the Year (Glossary Page 186)?

14

Tu sei . . .

forte.

debole.

Adjectives ending in -e stay the same for both masculine and feminine nouns (Franco è forte/Silvia è forte).

You are . . . (informal)

strong.

weak.

Do they kick sand in your face at the beach? Maybe you need to learn how to sollevare pesi (lift weights).

Noi siamo . . .

studenti.

turisti.

It's okay to drop the noi as it is implied in the verb siamo.

We are . . .

students.

tourists.

Make sure you know the different forms of *essere*, since this is the most common verb used in everyday conversation.

Voi siete . . .

lavoratori.

pigri.

Remember: Tu is the singular you, and takes sei.
Voi is the plural you, as in you guys, and takes siete.

You are . . . (plural)

hardworking.

lazy.

Industrioso also means hardworking. Of course, if you are referring to multiple people, they would be industriosi.

20

È lei . . .?

il proprietario?

il capo?

Mastery Exercise: Chi è Lei?

Are you . . .?

the owner?

the boss?

Mastery Exercise: Who are you?

22

In this lesson you will learn . . .

• To express the forms of the verb **stare** (to be, to stay).

<u>Singular</u>		<u>Plural</u>	
io	sto	*noi*	stiamo
tu	stai	*voi*	state
lui		*loro*	
lei }	sta		} stanno
Lei (formal singular)		*Loro* (formal plural)	

The verb **stare** *(to be, to stay)* is used in many idiomatic expressions. Its English equivalents differ based on the adjective or adverb that accompanies it.

to pay attention	**stare attento/a/i/e**
to be well/not well	**stare bene/male**
to keep quiet	**stare zitto/a/i/e**
to stay awake, to stay up	**stare sveglio/a/i/e**
to keep/to be still	**stare fermo/a/i/e**

Stare is used to express actions in progress, which are introduced in **Lesson 19.**

Oggi non **sto bene.**

Another way to express how one is, is with the reflexive verb sentirsi (to feel). Non mi sento bene oggi. (I don't feel well today.) You will learn about reflexive verbs in Lesson 28, Week Four.

Today I am not well.

Extra Practice:

Today she is not well.

If you need a doctor go to Glossary Pages 202-203.

Il sabato
sera i bambini
stanno svegli
fino a tardi.

In Italy children go to school six days a week, therefore on Saturday night they are allowed to stay up later.

On Saturday night the children stay up late.

Extra Practice:
On Saturday night we stay up late!

Remember: The adjective following stare agrees in gender and number with the subject of the verb.

28

Ragazzi, perché non state attenti?

In Lesson 19, you will learn that stare is also used to express actions in progress, such as sleeping, walking, running, etc.

Hey guys, why don't you (plural) pay attention?

Extra Practice:
Why doesn't Laura pay attention?

Extra Practice: Why doesn't Roberto pay attention?

30

**Questo bambino
non sta mai fermo!**

Mastery Exercise: Questi bambini non stanno mai fermi!

**This boy
is never still!**

Extra Practice:
**This girl is never
still!**

Mastery Exercise: These children are never still!

Noi stiamo zitti.

If you want to say Keep quiet! you express a command. You will learn the imperative mood in Week Four, Lesson 30.

We keep
quiet.

Extra Practice:
We keep still.

Remember: The plural of the adjective for both
girls and boys has the masculine ending -i.

Stanno **al quinto piano.**

The verb stare followed by the preposition per and an infinitive verb express the intention or the imminence to do something. Sto per partire per la Francia. (I am about to leave for France.) State per uscire? (Are you about to go out?)

They live (are)
**on the fifth
floor.**

Extra Practice:
**They live on the
tenth floor.**

Note that what is called the second floor in
U.S. is called the first floor in Italy.

Domenica stiamo a casa.

Mastery Exercise: Stiamo a casa, perché fa freddo.

Sunday we
stay **home**.

Extra Practice:

**Will he stay
home today?**

Mastery Exercise: We stay home because it's cold.

Sta per piovere.

Stare has also the meaning of to stay and to live:
Questa sera noi stiamo a casa. (Tonight we stay at home.)
Io sto al terzo piano. (I live on the third floor.)

It's about to rain.

Extra Practice:
It's about to snow.

If you want to convert Fahrenheit to Celsius
see Temperature, Glossary Page 192.

40

Sta per **partire per** l'Italia?

Mastery Exercise: Ho bisogno di un visto?

Are you just **about** to leave for Italy?

Extra Practice:
Is he about to leave for Italy?

Mastery Exercise: Do I need a visa?

Sto per **andare al supermercato.**

If you want to buy something, see the Food Section in Week Two, Glossary Pages 198-205.

43

I am **about to** go to the supermarket.

Extra Practice:
She is about to go to the supermarket.

In Italy single food stores still exist; review
The Stores, Week Two, Glossary Pages 219-220.

44

In this lesson you will learn . . .

- to talk about actions in progress.

In order to express an action someone or something is currently doing, simply conjugate the present tense of the verb **stare** followed by the Italian equivalent of the English *-ing* form.

Sto parlando.	(I am talking.)
Anna sta mangiando.	(Anne is eating.)
Loro stanno scrivendo.	(They are writing.)

In Italian, all verbs in their infinitive form end in either **-are, -ere,** or **-ire.** To express the *-ing* English forms **(Gerundio)** of **-are** verbs simply take off the **-are** and add **-ando.** To express the **-ing** forms of **-ere** and **-ire** verbs simply take off the **-ere** and **-ire** and add **-endo.**

Sto . . .

parlando con Maria.

Verbs ending in -are express an action in progress by dropping -are and adding -ando; parlare (to talk) become parlando (talking).

I am . . .

talking with Maria.

An action in progress is basically the -ing word in English: Talking, walking, etc.

Michele sta . . .

aspettando il suo amico.

With an action in progress, only the verb stare changes. The gerund (-ing form) always stays the same.

Michele is . . .

waiting for his friend.

Important! Actions in progress (things that are happening right now, at this moment) always use a form of the verb stare.

50

Barbara sta . . .

scrivendo una lettera.

Verbs ending in -ere become -ing words by dropping the -ere and adding -endo: Scrivere (to write) becomes scrivendo (writing).

51

Barbara is . . .

writing a letter.

The action word stays the same regardless of who is performing the action. Stare changes according to the number of people.

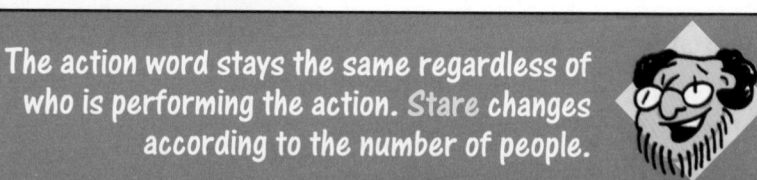

Che cosa state . . .

finendo?

Verbs in -ire become -ing words by dropping the -ire and adding -endo: Finire (to finish) becomes finendo (finishing).

What are you (plural) . . .

finishing?

Che cosa or Che is used in many idiomatic expressions.
See Glossary Page 235 and discover its many uses.

Perché stai . . .

piangendo?

Mastery exercise: Perché sono triste.
Remember, perché means both why? and because.

Why are you . . .

crying?

Mastery Exercise: Because I am sad.

Tommaso sta . . .

ascoltando la radio.

To express an -ing action someone was doing, use stava: Stava ascoltando la radio. (He was listening to the radio.)

Thomas is . . .

listening to the radio.

To talk about -ing actions in the past, use the -ando and -endo endings, but use the imperfect tense of stare. (See Lesson 27 in Week 4 for more information.)

Sonia e Michele stanno . . .

mangiando
insieme.

To express an -ing action in the past for they, say stavano:
Stavano mangiando insieme. (They were eating together.)

Sonia and Michael are . . .

eating together.

Lunch is eaten at 1:00 or 1:30 in Italy and is still considered the most important meal of the day for children and older people.

I bambini stanno . . .

nuotando
nella
piscina.

Mastery Exercise: Stanno giocando a palla.

The children are . . .

swimming in the pool.

Mastery Exercise: They are playing ball.

Stiamo . . .

guardando la televisione.

Mastery Exercise: Stiamo a casa questa sera.

63

We are . . .

watching
television.

Mastey Exercise: We stay at home to night.

Io e Michele stiamo . . .

studiando
italiano.

Pay attention to the verb ending and don't forget the formula! Drop -are and add -ando, or, drop -ere or -ire and add -endo. It's really that simple!

Michael and I are . . .

studying
Italian.

There are 390 Action Words in their infinitive
form listed on Glossary Pages 217-230.
Try converting them all to -ing words.

In this lesson you will learn . . .

- to express the concept of
There is and *There are:*

  ☞ **C'è. Ci sono.**

- to express the concept of
Is there? and *Are there?*

  ☞ **C'è? Ci sono?**

In this lesson you will learn to make general statements using the verb **essere** (to be). Don't underestimate the size of **c'è** and its relatives **(c'era, c'è stato/a, ci sarà)**. They are very versatile and frequently used. See the chart below:

Word	Meaning
C'è	There is. Is there?
Ci sono	There are. Are there?
C'era	There was. Was there?
C'è stato/a	There was. Was there?
C'erano	There were. Were there?
Ci sono stati/e	There were. Were there?
Ci sarà **Ci saranno**	There will be. Will there be?

C'è...

una macchia sulla
mia camicia.

C'è is pronounced like CHAY.

There is . . .

a spot on my blouse.

Do you need your clothes washed?
Look for una lavanderia (a laundry) or
una tintoria/lava-secco (a dry cleaner).

C'è . . .

un supermercato qui vicino?

To use c'è as a question, just raise the intonation of your voice at the end of what you are saying.

Is there . . .

a supermarket close to here?

If you are looking for fresh produce, meat or fish, be sure to go to the local market. It's a great place to practice your Italian!

Ci sono . . .

volontari?

Use non c'è or non ci sono to express there isn't or there aren't: Non ci sono volontari. (There aren't any volunteers.)

Are there . . .

any volunteers?

The word any is not expressed in Italian.

Ci sono . . .

venti studenti nella classe.

Use c'era or c'erano to state there used to be: C'erano diciannove studenti. (There used to be nineteen students.)

There are . . .

twenty students in the class.

Che cosa c'è d'altro nella classe? (What else is there in the class?) Check out Glossary Page 211 for a list of things you might find.

C'è...

molto traffico la mattina.

Use c'era to state there was: C'era molto traffico.
(There was a lot of traffic.)

There is . . .

a lot of traffic in the morning.

Use c'erano to state there were: C'erano molte macchine sull'autostrada oggi. (There were a lot of cars on the highway to day.)

Ci sono . . .

molti fiori nel giardino.

Ci sarà or ci saranno are used to state there will be: Ci saranno molti più fiori in giugno. (There will be many more flowers in June.) You will learn the future tense in Lesson 24.

There are . . .

a lot of flowers in the garden.

Study tip: Find a peaceful place to study and set a regular time to go there.

C'è...

un dottore nell'hotel?

If you want to say: Is there a hospital near the hotel?
Just say C'è un ospedale vicino all'hotel?

Is there . . .

a doctor in the hotel?

It's not serious! You only need un cerotto (adhesive bandage). Look for one in Pharmacy see Glossary Pages 204-205.

C'è...

una festa
questa sera.

There is . . .

a party this evening.

Mastery exercise: How many people are there?

C'è...

una mosca nella mia minestra!

Mastery exercise: C'è troppo sale nella minestra.

85

There is . . .

a fly in my soup!

Mastery exercise: There is too much salt in the soup.

C'è...

un posto per
sedersi?

Sedersi is a reflexive verb. You'll learn more about
reflexive verbs and how they're used when you get to
Lesson 28 in Week 4.

Is there . . .

a place to sit?

C'è, ci sono and its partners c'era, c'erano, c'è stato/a, ci sono stati/e, ci sarà, ci saranno are just little words, but ones that you will use often once you know them well.

In this lesson you will learn . . .

• the present tense of regular verbs.

The present tense is used to talk about actions people do on a habitual basis, or plan to do in the near future.

Parlo italiano.	(I speak Italian.)
Leggo il giornale.	(I read the newspaper.)
Parto domani mattina.	(I leave tomorrow morning.)

See the chart on the back of this page to learn how to form verbs in the present tense.

To form the present tense for regular verbs, simply
drop the infinitive ending of the verb **(-are, -ere, -ire),**
and add a personal ending:

	<u>-are</u>	<u>-ere</u>	<u>-ire</u>
io	**parl**o	**legg**o	**part**o
tu	**parl**i	**legg**i	**part**i
lui, lei, Lei	**parl**a	**legg**e	**part**e
noi	**parl**iamo	**legg**iamo	**part**iamo
voi	**parl**ate	**legg**ete	**part**ite
loro, Loro	**parl**ano	**legg**ono	**part**ono

Note: Verbs not following a consistent pattern for
change are presented in **Lessons 22-23.**

lavorare

Lavoro molto.

io	**lavoro**
tu	**<u>lavori</u>**
lui/lei/Lei	**lavora**
noi	**lavoriamo**
voi	**lavorate**
loro/Loro	**lavorano**

All regular -are, -ere and -ire verbs express the io form in the same way. Drop the -are, -ere or -ire ending and add -o.

to work

I work a lot.

Extra Practice:
Do you (informal) **work a lot?**

You'll find the correct verb form for the Extra Practice sentences underlined in the chart on the previous page.

parlare

Noi parliamo inglese.

io	**parlo**
tu	**parli**
lui/lei/Lei	**parla**
noi	**parliamo**
voi	**parlate**
loro/Loro	**parlano**

To express the noi form of -are verbs, simply drop the -are ending and add -iamo.

to speak

We speak English.

Extra Practice:
Do you speak English?

The present tense is used to express something you or someone else does habitually, such as eat, sleep, talk, etc.

fumare

Fumi?

io	<u>fumo</u>
tu	fumi
lui/lei/Lei	fuma
noi	fumiamo
voi	fumate
loro/Loro	fumano

All -are verbs express the tu form, by dropping the -are ending and adding -i.

to smoke

Do you smoke?
(informal)

Extra Practice:
I don't smoke.

The present tense is also used to express things you don't do. Non fumo mai! (I never smoke!)

cantare

**I bambini cantano
nel coro.**

io	**canto**
tu	**canti**
lui/lei/Lei	**canta**
noi	**<u>cantiamo</u>**
voi	**cantate**
loro/Loro	**cantano**

All -are verbs express loro form (they) by
dropping the -are ending and adding -ano.

to sing

The children sing in the choir.

Extra Practice:
We sing in the choir.

When talking about a group of children who are all girls, use bambine. If they are a mixed group of boys and girls, use bambini.

studiare

Maria studia nella biblioteca.

io	studio
tu	studi
lui/lei/Lei	studia
noi	studiamo
voi	studiate
loro/Loro	studiano

All verbs ending in -are express the lui, lei and formal Lei forms by dropping the -are ending and adding -a.

to study

Maria studies in the library.

Extra Practice:
They study in the library.

Doesn't it follow that what you study in school is called lo studio (the study)?

mangiare

Lui non mangia niente a colazione.

io	mangio
tu	mangi
lui/lei/Lei	mangia
noi	**mangiamo**
voi	mangiate
loro/Loro	mangiano

All the verbs ending in -are express the voi form by dropping the -are ending and adding -ate.

to eat

He doesn't eat anything for breakfast.

Extra Practice:

We don't eat anything for breakfast.

Remember: The stem of the verb carries the meaning.
The ending of the verb identifies the person and the tense.

leggere

Leggo il giornale ogni giorno.

io	**leggo**
tu	**leggi**
lui/lei/Lei	**legge**
noi	**leggiamo**
voi	**leggete**
loro/Loro	**leggono**

Remember: All forms for io end with the letter -o.
(Drop the -are, -ere or -ire ending and add -o.)

to read

I read the newspaper every day.

Extra Practice:
He reads the newspaper everyday.

Consistently reading Italian newspapers, books, and magazines is a great way to learn new words and practice what you know.

correre

Luigi corre molto velocemente.

io	corro
tu	corri
lui/lei/Lei	corre
noi	corriamo
voi	correte
loro/Loro	<u>corrono</u>

Both -ere and -ire verbs express lui, lei and Lei by dropping the -ere or -ire ending and adding -e.

to run

Luigi runs very
fast.

Extra Practice:
They run very fast.

Are you remembering to roll those r's?
Double rr is trilled two or three times by
placing the tongue against the top of the mouth.

vivere

Loro vivono nella città.

io	vivo
tu	vivi
lui/lei/Lei	vive
noi	**viviamo**
voi	vivete
loro/Loro	vivono

The letter c before i has a soft sound.
La città (lah cheet-TAH).

to live

They live in the city.

Extra Practice:
We live in the city.

For a list of things you might find
In the City, see Glossary Page 210.

dormire

Antonio dorme sul divano.

io	dormo
tu	<u>dormi</u>
lui/lei/Lei	dorme
noi	dormiamo
voi	dormite
loro/Loro	dormono

Notice that -ere and -ire verbs have the same endings for all people except in the voi form (-ere → -ete; -ire → -ite).

to sleep

Antonio sleeps on the sofa.

Extra Practice:

You (informal) sleep on the sofa.

Remember: All regular -are, -ere, and -ire verbs follow a set pattern which is the same for all verbs in that category.

In this lesson you will learn . . .

• to use common irregular verbs.

You've met some of the "good guys" (*regular verbs*), and even conjugated a few of their friends, who occasionally break out of the group and change the spelling in their stem.

In this lesson, you'll meet a few of the "bad guys", who refuse to conform to any pattern and insist on being *irregular*. Fortunately, there are only a few of them, but they are very important. They are some of the most commonly used words in the Italian language, and are a must to know!

The only real way to learn these verbs is to memorize them!

This is the final lesson on the present tense. Pay special attention to the following:

Master the verbs in each lesson! You cannot speak Italian effectively without knowing the Italian verb in all of its forms. Their importance cannot be overemphasized.

Use the Mastery Exercises! Tracks 8-13 on the **CD** will show you how well you have mastered the lessons so far, and help you identify areas where you might need to review.

Practice and Review! Be truthful about your mastery. If you identify areas where you need more practice, go back and review. Take as much time as you need, but be sure you're ready before you begin **Week 4** with **Lessons 25-32.**

andare

Vado in chiesa la domenica.

io	vado
tu	vai
lui/lei/Lei	va
noi	**<u>andiamo</u>**
voi	andate
loro/Loro	vanno

The present tense of the verb andare can mean either to go or to be going. Vado in chiesa. (I go to church./I'm going to church.)

to go

I go to church on Sunday.

Extra Practice:
We go to church on Sunday.

This irregular verb should be very familiar to you. You saw it in Lesson 14, used in conjunction with other words of action.

bere

I bambini bevono un bicchiere di latte.

io	bevo
tu	bevi
lui/lei/Lei	<u>beve</u>
noi	beviamo
voi	bevete
loro/Loro	bevono

In Italy, there is no age limit for drinking alcoholic drinks.

to drink

The children drink a glass of milk.

Extra Practice:

She drinks a glass of milk.

Tip: Learn the irregular verbs, because you will hear them a lot.

dare

Do sempre dei regali a loro.

io	do
tu	dai
lui/lei/Lei	<u>dà</u>
noi	diamo
voi	date
loro/Loro	danno

Dare is used in many idiomatic expressions: Dare un bacio (to kiss), dare una mancia (to tip). See Glossary Page 233.

117

to give

I always give them presents.

Extra Practice:
She always gives them presents.

You'll learn all about mi, ti, and loro in Week 4 with Lesson 29.

fare

Faccio sempre il mio compito.

io	**faccio**
tu	**fai**
lui/lei/Lei	**<u>fa</u>**
noi	**facciamo**
voi	**fate**
loro/Loro	**fanno**

Fare is used in many idiomatic expressions: Fare la doccia (to take a shower), fare la colazione (to have breakfast) etc. See Glossary Page 232.

to do

I always do my homework.

Extra Practice:

He always does his homework.

Remember: The present tense is used to express a habit or an action that takes place on a regular basis.

sapere

Non so ballare.

io	so
tu	<u>sai</u>
lui/lei/Lei	sa
noi	sappiamo
voi	sapete
loro/Loro	sanno

Sapere means to know a fact, or know how to do something. Sa che ora è? (Do you know what time it is?)

to know

I don't know how to dance.

Extra Practice:
Do you (informal) know how to dance?

Once you're comfortable with Lessons 17-24, it's time to test your mastery with Tracks 9-13 on the CD.

conoscere

Conosce Francesca?

io	**conosco**
tu	**conosci**
lui/lei/Lei	**conosce**
noi	**conosciamo**
voi	**conoscete**
loro/Loro	**conoscono**

Conoscere means to know in the sense of being acquainted or being familiar with a person or place.

to know (to be acquainted with)

Do you know
Francesca?

Extra Practice:
I don't know Francesca.

When somebody is introduced to you, you answer with :
Piacere di conoscerLa. (I am pleased to meet you.)

124

dire

Non dico mai una bugia.

io	dico
tu	dici
lui/lei/Lei	**dice**
noi	diciamo
voi	dite
loro/Loro	dicono

There is a very popular Italian proverb which says:
Tra il dire e il fare c'è di mezzo il mare.
(Easier said than done.)

to tell, to say

I never tell a lie.

Extra Practice:
He never tells a lie.

If you just can't quite believe the juicy gossip someone is telling you, say: Non dirmi! (You don't say!)

morire

Nell' opera italiana il personaggio principale femminile muore spesso.

io	muoio
tu	muori
lui/lei/Lei	muore
noi	moriamo
voi	morite
loro/Loro	__muoiono__

Did you know? Opera is a melodramma, which means drama with singing and music (from Greek mélos, meaning singing).

to die

In Italian opera, the female main character often dies.

Extra Practice:
In Italian opera, the female main characters very often die.

If you like opera, listen to La Bohème by Puccini or La Traviata by Verdi and be prepared to cry for the death of the heroine.

udire

Udite qualcosa?

io	**odo**
tu	**odi**
lui/lei/Lei	**ode**
noi	**udiamo**
voi	**udite**
loro/Loro	**odono**

Udire, like sentire (which is used most often) means to hear, as in having the ability to hear a sound. Ascoltare means to listen, as in listening to music.

to hear

Do you (plural) hear something?

Extra Practice:

Do you (informal) hear something?

Watch out for verbs that appear to mean the same thing but convey very different meanings. Be sure to pick the right one!

uscire

A che ora esce Anna?

io	esco
tu	esci
lui/lei/Lei	esce
noi	usciamo
voi	uscite
loro/Loro	**escono**

Mastery Exercise: *Con chi esce Anna?*

to go out

At what time does Anna go out?

Extra Practice:
At what time do they go out?

Mastery Exercise: With whom does Anna go out?

In this lesson you will learn . . .

• the future tense.

The future tense is used to express an action that will take place
in the future.

In Italian, the future **(il futuro semplice)** is formed by adding the
endings **-ò, -ai, -à, -emo, -ete, -anno** to the infinitive minus the final **-e.**
Verbs ending in **-are** change the **a** of the infinitive ending
(lavorar-) to **e (lavorer-).**

In English the future is expressed with the auxiliary verb will or with the
phrase to be going to, but in Italian a single verb form is used.

Quanto tempo resterai a Roma?   (How long are you going
                                     to stay in Rome?)

Prenoteremo un tavolo per sei.   (We'll reserve a table for six people.)

Future Tense of regular verbs ending in **-are, -ere, -ire:**

	lavorare	leggere	partire
io	**lavorerò**	**leggerò**	**partirò**
tu	**lavorerai**	**leggerai**	**partirai**
lui/lei/Lei	**lavorerà**	**leggerà**	**partirà**
noi	**lavoreremo**	**leggeremo**	**partiremo**
voi	**lavorerete**	**leggerete**	**partirete**
loro/Loro	**lavoreranno**	**leggeranno**	**partiranno**

andare

Andrà al mare il prossimo fine settimana?

io	andrò
tu	andrai
lui/lei/Lei	**andrà**
noi	andremo
voi	andrete
loro/Loro	andranno

Some verbs have irregular future stems, although all verbs use the regular future endings.

to go

Will you go (are you going) **to the beach next week end?**

Extra Practice:
Is she going to the beach next week end?

To see a a list of verbs with irregular future stems go to Glossary Pages 237-238.

fare

Che cosa farete venerdì sera?

io	farò
tu	farai
lui/lei/Lei	farà
noi	faremo
voi	farete
loro/Loro	**<u>faranno</u>**

Mastery Exercise: Andremo a teatro sabato sera?

to do/to make

What are you (plural) going to do Friday night?

Extra Practice:
What are they going to do Friday night?

Mastery Exercise: Are we going to the theatre Saturday night?

visitare

Visiteremo la Galleria Borghese nel pomeriggio.

io	**visiterò**
tu	visiterai
lui/lei/Lei	visiterà
noi	visiteremo
voi	visiterete
loro/Loro	visiteranno

Remember to check the museums schedule before going to see an exhibition. Very often they are closed one day a week.

to visit

We will visit the
Galleria Borghese in
the afternoon.

Extra Practice:
I will visit the Galleria
Borghese in the afternoon.

In English, the future tense is also
expressed by the combination *going to*.

partire

L'aereo partirà con un'ora di ritardo.

io	partirò
tu	partirai
lui/lei/Lei	partirà
noi	**partiremo**
voi	partirete
loro/Loro	partiranno

Andrea Boccelli, a singer of opera arias and traditional Italian songs, is very popular in the US. The title of one of his hits is Partirò.

to leave

The plane will leave one hour later.

Extra Practice:
We will leave one hour later.

Don't forget that in Italy the 24-hour clock is commonly used in airports, train stations etc.

studiare

Loro studieranno l'italiano a Firenze per sette settimane.

io	studierò
tu	studierai
lui/lei/Lei	studierà
noi	<u>studieremo</u>
voi	studierete
loro/Loro	studieranno

Italian began to be developed in the 13th and 14th centuries, predominantly through the works of Dante, Petrarca and Boccaccio, who wrote chiefly in the Florentine dialect. The language drew on its Latin heritage and the many dialects of Italy to develop into the standard Italian of today.

to study

They will study Italian in Florence for seven weeks.

Extra Practice:
We will study Italian in Florence for seven weeks.

There are still a great number of dialects spoken in Italy. See Glossary Pages 197-199 for the list of Italian regions and dialects.

essere

Sarai a casa domani?

io	sarò
tu	sarai
lui/lei/Lei	sarà
noi	saremo
voi	sarete
loro/Loro	**saranno**

The verb essere (to be) has irregular future stems, but regular future endings.

to be

Will you (informal) be at home tomorrow?

Extra Practice:
Will they be at home tomorrow?

There is an Italian tongue-twister which says: Oggi seren(o) non è, doman(i) seren(o) sarà, se non sarà seren(o) si rassererà. (Today is not clear; tomorrow will be clear; if it will not be clear, eventually it is going to clear.)

146

avere

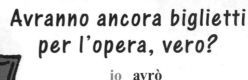

Avranno ancora biglietti per l'opera, vero?

io	avrò
tu	avrai
lui/lei/Lei	avrà
noi	avremo
voi	avrete
loro/Loro	<u>avranno</u>

In Italian, the future tense is often used to express probability. In English it is expressed with such words as probably, can, or must, but in Italian the future tense alone is used.

to have

They will still have tickets for the opera, right?

Extra Practice:
They will still sell tickets for the opera, right?

The verb avere (to have) has an irregular future stem, but regular future endings.

148

finire

Fra quanti minuti finirà questo film?

io	finirò
tu	finirai
lui/lei/Lei	<u>finirà</u>
noi	finiremo
voi	finirete
loro/Loro	finiranno

La fine means in English the end, but il fine means the goal, the objective. Mastery Exercise: Quando vedremo la parola "fine," spegneremo la televisione.

149

to finish/to end

In how many minutes will this movie end?

Extra Practice:
In how many minutes will the sport games end?

Mastery Exercise: When we'll see the words "the end," we'll turn off the television.

giocare

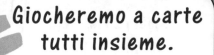

Giocheremo a carte tutti insieme.

io	giocherò
tu	giocherai
lui/lei/Lei	giocherà
noi	giocheremo
voi	giocherete
loro/Loro	**giocheranno**

The spelling changes that you learned for the present tense of verbs such as giocare (to play), pagare (to pay), cominciare (to start), and mangiare (to eat) apply to all persons in the future tense.

to play

We will all play cards together.

Extra Practice:
They will all play cards together.

In Italy playing cards is a very traditional game. The cards are decorated differently, according to the city from which they come.

152

mangiare

Io mangerò tutte le sere in trattoria.

io	mangerò
tu	mangerai
lui/lei/Lei	**mangerà**
noi	mangeremo
voi	mangerete
loro/Loro	mangeranno

A trattoria is usually a small and inexpensive restaurant run by a family.

to eat

I will eat in a trattoria every night.

Extra Practice:
She will eat in a trattoria tonight.

How are you going to pay in contanti (cash), con carta di credito (credit card) o con un assegno (by check)?

Lesson 24

In this lesson you will learn . . .

• to use irregular verbs which follow a set pattern.

You've met some of the "good guys" *(regular verbs),* and even conjugated a few of their friends, who occasionally break out of the group and change the spelling in their stem.

In this lesson, you'll meet a few of the "bad guys," who refuse to conform to any pattern and insist on being *irregular.* Fortunately, there are only a few of them, but they are very important. They are some of the most commonly used words in the Italian language, and are a must to know!

The only real way to learn these verbs is to memorize them!

This is the final lesson on the present tense. Pay special attention to the following:

Master the verbs in each lesson! You cannot speak Italian effectively without knowing the Italian verb in all of its forms. Their importance cannot be overemphasized.

Use the Mastery Exercises! Tracks 8-13 on the CD will show you how well you have mastered the lessons so far, and help you identify areas where you might need to review.

Practice and Review! Be truthful about your mastery. If you identify areas where you need more practice, go back and review. Take as much time as you need, but be sure you're ready before you begin Lessons 25-32 in Week 4.

rimanere

Quanto tempo rimane all'estero?

io	**rimango**
tu	**rimani**
lui/lei/Lei	**rimane**
noi	**rimaniamo**
voi	**rimanete**
loro/Loro	<u>**rimangono**</u>

The verbs of this section are irregular in the first person singular and the third plural. Before adding the endings -o and -ono to the stem, they take a -g.

to remain

How long do you remain abroad?

Extra Practice:
How long do they remain abroad?

The verbs of this section are conjugated regularly in the third person singular. They add the ending -e of the -ere verbs to the stem.

salire

Gli operai salgono sul tetto.

io	salgo
tu	sali
lui/lei/Lei	<u>sale</u>
noi	saliamo
voi	salite
loro/Loro	salgono

Notice how this verb also inserts a g between the stem of -ire verbs and the endings of the first person singular and the third plural.

to go up

The workers go up on the roof.

Extra Practice:
The cat goes up the tree.

Continue listening to the CD and practice with the Mastery Exercises! Feel free to go back to previous weeks to brush up on your Italian!

venire

Quando vengono i tuoi amici a cena?

io	vengo
tu	<u>vieni</u>
lui/lei/Lei	viene
noi	veniamo
voi	venite
loro/Loro	vengono

Notice how the pattern repeats: The first person singular and the third person plural insert a g before adding the regular endings of -ire verbs.

to come

When do your friends come for dinner?

Extra Practice:

When do you (informal) **come for dinner?**

The verb is conjugated regularly in the you (informal) form.

togliere

Perché non togli (informal) le scarpe?

io	tolgo
tu	togli
lui/lei/Lei	toglie
noi	togliamo
voi	<u>togliete</u>
loro/Loro	tolgono

The verbs of this section change the stem of the first person singular and the third person plural before adding the regular endings of the -ere verbs. They invert the combination gl to lg.

to take off

Why don't you take off your shoes?

Extra Practice:
Why don't you (plural) take off your shoes?

The you form (plural) is conjugated regularly.

scegliere

Quale sceglie?

io	**scelgo**
tu	**scegli**
lui/lei/Lei	**<u>sceglie</u>**
noi	**scegliamo**
voi	**scegliete**
loro/Loro	**scelgono**

Another verb which has the same change: GI becomes lg in the first person singular and the third person plural before adding the endings of -ere verbs.

to choose

Which one do you choose?

Extra Practice:
Which one does he choose?

The third person singular is conjugated regularly.

spegnere

Io spengo la luce a mezzanotte.

io	spengo
tu	spegni
lui/lei/Lei	<u>spegne</u>
noi	spegniamo
voi	spegnete
loro/Loro	spengono

This verb also inverts the consonants gn in ng in the first person singular and third person plural before adding the regular ending of -ere verbs.

to turn off

I turn off the light at midnight.

Extra Practice:

She turns off the light at midnight.

The verb is conjugated regularly in the third person singular.

capire

Non capisco l'italiano molto bene.

io	**capisco**
tu	**capisci**
lui/lei/Lei	**capisce**
noi	**<u>capiamo</u>**
voi	**capite**
loro/Loro	**capiscono**

The endings are the regular ones of -ire verbs, but -isc is inserted between the stem and the ending in all but the first and the second person plural.

to understand

I don't understand Italian very well.

Extra Practice:
We don't understand Italian very well.

The we form is regular.

finire

A che ora finisce lo spettacolo?

io	finisco
tu	<u>finisci</u>
lui/lei/Lei	finisce
noi	finiamo
voi	finite
loro/Loro	finiscono

This verb follows the same pattern. The pronunciation of -sc changes according to the vowel that follows: Before o it is pronounced like sk in sky; before e and i it is pronounced like sh in shy.

to finish/to end

At what time does the performance end?

Extra Practice:
At what time do you finish the tennis game?

Try to pronounce finisce.

preferire

Loro preferiscono mangiare il gelato.

io	preferisco
tu	preferisci
lui/lei/Lei	preferisce
noi	**preferiamo**
voi	preferite
loro/Loro	preferiscono

Mastery Exercise: Loro preferiscono andare al ristorante.

to prefer

They prefer to eat ice cream.

Extra Practice:

We prefer to eat ice cream.

Mastery Exercise: They prefer to go to the restaurant.

174

piacere

A Matteo le piacciono le moto.

io	piaccio
tu	piaci
lui/lei/Lei	<u>piace</u>
noi	piacciamo
voi	piacete
loro/Loro	piacciono

Be careful: In Italian, the subject of the verb piacere is what one likes, while the person who likes something is the indirect object, the person to whom something is pleasing.

175

to like

Matteo likes motorcycles.

Extra Practice:
Matteo likes Italian cars.

The indirect object of the verb piacere can be an indirect pronoun (mi, ti, gli etc.) or a noun. If it is a noun it must be preceded by the preposition a. A mia madre piacciono film romantici. (Romantic films are pleasing to my mother.)

Glossary

Glossary (cont.)

Italian Alphabet

A	**a**	*ah*	S	**esse**	*EHS-say*
B	**bi**	*bee*	T	**ti**	*tee*
C	**ci**	*chee*	U	**u**	*oo*
D	**di**	*dee*	V	**vu**	*voo*
E	**e**	*ay*	Z	**zeta**	*TSAY-tah*
F	**effe**	*EHF-fay*			
G	**gi**	*jee*	J	**i lunga**	*ee LOON-gah*
H	**acca**	*AHK-kah*	K	**cappa**	*KAHP-pah*
I	**i**	*ee*	W	**doppia vu**	*DOHP-pee-ah voo*
L	**elle**	*EHL-lay*	X	**ics**	*eeks*
M	**emme**	*EHM-may*	Y	**i greca**	*ee GRAYK-ah*
N	**enne**	*EHN-nay*		or **ipsilon**	or *EEP-see-lohn*
O	**o**	*oh*			
P	**pi**	*pee*			
Q	**cu**	*koo*			
R	**erre**	*EHR-ray*			

The Italian alphabet has 21 letters, but it recognizes 5 additional letters that occur in words of foreign origin.

179

Italian Vowels

Vowel	Sounds like the . . .	Italian Word example:	
a (ah)	**a** as in f**a**ther	casa	*KAH-sah*
e (ay)	**e** as in l**a**te	sera	*SAYR-ah* (closed e)
e (eh)	**e** as in qu**e**st	testa	*TEH-stah* (open e)
i (ee)	**i** as in mar**i**ne	pizza	*PEET-tsah*
o (oh)	**o** as in c**o**zy	dove	*DOHV-ay* (closed o)
o (oh)	**o** as in c**au**ght*	cosa	*KOH-zah* (open o)
u (oo)	**u** as in r**u**de	luna	*LOO-nah*

*(some dialects of English make no difference between open
and closed "o" as in cot and caught)

Diphthongs

Letters	Sound
ai	*(igh – as in sigh)*
au, ao	*(ow)*
oi	*(ohy)*
ia, ie, io, iu	*(yah, yay* or *yeh, yoh, yoo)*
uo	*(woh)*

Sounds of Italian

Most Italian consonants do not differ greatly from English, but there are some exceptions and a few special combinations.

c and **g** before **a, o, u** have a hard sound. **C** is pronounced like in *cat,* and **g** is pronounced like in *go.*
> Ex: **casa** *(KAH-zah),* **gatto** *(GAHT-toh).*

c and **g** before **e** and **i** have a soft sound. **C** is pronounced like *church,* and **g** is pronounced like in *gem.*
> Ex: **cinema** *(CHEE-neh-mah),* **gelato** *(jeh-LAH-toh).*

ch and **gh** have a hard sound, like in *cat* and *go.*
> Ex: **Chianti** *(KYAHN-tee),* **laghi** *(LAH-gee).*

gl before a final **i** and before **i+vowel,** is pronounced like "ll" in *million* or the "l" sound in *familiar.*
> Ex: **figli** *(FEE-lyee),* **foglio** *(FOH-lyoh).*

Sounds of Italian (cont.)

gn is pronounced like the ***ny*** in *canyon*.
> Ex: **signore** *(see-NYOHR-ay),* **ignorante** *(ee-nyohr-AHN-tay).*

sc before **a, o, u** and **h** has a hard sound as in *scooter.*
> Ex: **scaloppine** *(skah-lohp-PEE-nay),* **scherzo** *(SKAYR-tsoh).*

sc before **e** and **i** has a soft sound as in *sheep.*
> Ex: **prosciutto** *(proh-SHOOT-toh),* **sciare** *(shee-AH-ray).*

h is always silent.

All Italian consonants except **q** have a corresponding double consonant, whose pronunciation is more emphatic than the single consonant. In contrast, the vowel that precedes a double consonant is shortened and clipped.

papà	*pah-PAH*	**pappa**	*PAHP-pah*
sete	*SAYT-ay*	**sette**	*SEHT-tay*
dona	*DOHN-ah*	**donna**	*DOHN-nah*

Ordinal Numbers

first	**primo**	*PREE-moh*
second	**secondo**	*say-KOHN-doh*
third	**terzo**	*TEHR-tsoh*
fourth	**quarto**	*KWOHR-toh*
fifth	**quinto**	*KWEEN-toh*
sixth	**sesto**	*SEH-stoh*
seventh	**settimo**	*SEHT-tee-moh*
eighth	**ottavo**	*oht-TAH-voh*
ninth	**nono**	*NOH-noh*
tenth	**decimo**	*DEH-chee-moh*

Ordinal numbers have to agree in gender and
number with the noun they modify.

Ordinal Numbers (cont.)

eleventh	**undicesimo**	*oon-deet-CHEH-zee-moh*
twelfth	**dodicesimo**	*doh-deet-CHEH-zee-moh*
twentieth	**ventesimo**	*vehn-TEH-zee-moh*
twenty-first	**ventunesimo**	*vehn-too-NEH-zee-moh*
seventy-third	**sessantatreesimo**	*says-sahn-tah-tray-EH-zee-moh*
eighty-sixth	**ottantaseiesimo**	*oht-tahn-tah-say-EH-zee-moh*
one hundredth	**centesimo**	*chehn-TEH-zee-moh*

Each of the first ten ordinal numbers has a distinct form.
After **decimo,** they are formed by dropping the final vowel of
the corresponding cardinal number and adding **-esimo.**
Numbers ending in **-trè** and **-sei** retain the final vowel.

Days of the Week

Days of the week and months of the year are not capitalized unless they appear at the beginning of a sentence. Notice the Italian calendar **(il calendario)** begins on Monday.

Monday	**il lunedì**	*eel loo-neh-DEE*
Tuesday	**il martedì**	*eel mahr-teh-DEE*
Wednesday	**il mercoledì**	*eel mehr-koh-leh-DEE*
Thursday	**il giovedì**	*eel joh-veh-DEE*
Friday	**il venerdì**	*eel veh-nayr-DEE*
Saturday	**il sabato**	*eel SAH-bah-toh*
Sunday	**la domenica**	*lah doh-MEH-nee-kah*

Italian-speakers never use **"in"** (on), when expressing a certain day. Instead, they use the article **il** or l**a.** For example:
Parto il lunedì/la domenica. (I'm leaving on Monday/on Sunday).

Months of the Year

January	**gennaio**	*jehn-NIGH-yoh*
February	**febbraio**	*fehb-BRIGH-yoh*
March	**marzo**	*MAHR-tsoh*
April	**aprile**	*ah-PREE-lay*
May	**maggio**	*MAHJ-joh*
June	**giugno**	*JOO-nyoh*
July	**luglio**	*LOO-lyoh*
August	**agosto**	*ah-GOHS-toh*
September	**settembre**	*sayt-TEHM-bray*
October	**ottobre**	*oht-TOH-bray*
November	**novembre**	*noh-VEHM-bray*
December	**dicembre**	*dee-chee-EHM-bray*

Time Elements

a moment	un momento	*oon moh-MAYN-toh*
after	dopo	*DOH-poh*
all the time	tutto il tempo	*TOOT-toh eel TEHM-poh*
always	sempre	*SEHM-pray*
as soon as possible	il più presto possibile	*eel PYOO PREH-stoh pohs-SEE-bee-lay*
before	prima	*PREE-mah*
the day after tomorrow	dopodomani	*doh-poh-doh-MAH-nee*
the day before yesterday	l'altro ieri	*LAHL-troh YAYR-ee*
during	durante	*doo-RAHN-tay*
early	presto	*PREH-stoh*

Time Elements (cont.)

everyday	**ogni giorno**	*OH-nyee JOHR-noh*
in the morning	**nella mattina**	*NEHL-lah maht-TEE-nah*
in the afternoon	**nel pomeriggio**	*nehl poh-mayr-EEJ-joh*
in the evening	**alla sera**	*AHL-lah SAYR-ah*
last night	**ieri sera**	*YAYR-ee SAYR-ah*
late	**tardi**	*TAHR-dee*
later	**più tardi**	*PYOO TAHR-dee*
lots of times	**molte volte**	*MOHL-tay VOHL-tay*
never	**mai**	*migh*
noon	**il mezzogiorno**	*eel meht-tsoh-JOHR-noh*
now	**ora**	*OHR-ah*
often	**spesso**	*SPEHS-soh*

Time Elements (cont.)

once	**una volta**	*OO-nah VOHL-tah*
on the dot	**in punto**	*een POON-toh*
recently, lately	**recentemente**	*ray-chayn-teh-MAYN-tay*
right now	**adesso**	*ah-DEHS-soh*
seldom	**raramente**	*rah-rah-MAYN-tay*
since	**da**	*dah*
sometimes	**qualche volta**	*KWAHL-kay VOHL-tah*
soon	**presto**	*PREH-stoh*
still	**ancora**	*ahn-KOHR-ah*
this afternoon	**questo pomeriggio**	*KWEH-stoh poh-mayr-EEJ-joh*
this morning	**questa mattina**	*KWEH-stoh maht-TEE-nah*
today	**oggi**	*OHJ-jee*

Time Elements (cont.)

tomorrow	**domani**	*doh-MAH-nee*
tonight	**questa notte**	*KWEH-stah NOHT-tay*
until	**fino a**	*FEE-noh ah*
the week	**la settimana**	*lah seht-tee-MAH-nah*
each week	**ogni settimana**	*OH-nyee seht-tee-MAH-nah*
last week	**la settimana scorsa**	*lah seht-tee-MAH-nah SKOHR-zah*
next week	**la settimana prossima**	*lah seht-tee-MAH-nah PROHS-see-mah*
the weekend	**il fine settimana**	*eel FEE-nay seht-tee-MAH-nah*
yesterday	**ieri**	*YAYR-ee*

Seasons & Universe

Seasons	**Le stagioni**	*lay stah-JOH-nee*
spring	**la primavera**	*lah pree-mah-VEH-rah*
summer	**l'estate**	*lay-STAH-tay*
fall	**l'autunno**	*low-TOON-noh*
winter	**l'inverno**	*leen-VEHR-noh*
Universe	**L'universo**	*loo-nee-VEHR-soh*
earth	**la terra**	*lah TEHR-rah*
sun	**il sole**	*eel SOH-lay*
moon	**la luna**	*lah LOO-nah*
stars	**le stelle**	*lay STAYL-lay*
world	**il mondo**	*eel MOHN-doh*
galaxy	**la galassia**	*lah gah-LAHS-syah*

Temperature

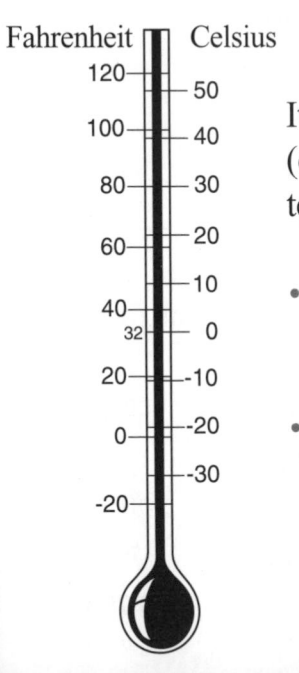

Fahrenheit   Celsius

Italian-speaking countries use a Celsius (centigrade) thermometer to tell the temperature:

- To convert Fahrenheit to Celsius, subtract 32 degrees, multiply by 5, and divide by 9.

- To convert Celsius to Fahrenheit, multiply by 9, divide by 5, and add 32 degrees.

People

adult	**l'adulto**	*lah-DOOL-toh*
teenager	**l'adolescente**	*lah-doh-leh-SHEHN-tay*
man	**l'uomo**	*LWOH-moh*
woman	**la donna**	*lah DOHN-nah*
Mr.	**Signore**	*see-NYOHR-ay*
Mrs.	**Signora**	*see-NYOHR-ah*
lady	**la signora**	*lah seen-NYOHR-ah*
gentleman	**il signore**	*eel seen-NYOHR-ay*
boyfriend	**il ragazzo**	*eel rah-GAHT-tsoh*
girlfriend	**la ragazza**	*lah rah-GAHT-tsah*

In Italian, there is no actual designation for *Ms.* A young unmarried woman is called **la signorina** *(lah seen-nyohr-EE-nah)*.

193

People (cont.)

enemy	**il nemico**	*eel NEH-mee-koh*
friend	**l'amico**	*lah-MEE-koh*
group	**il gruppo**	*eel GROOP-poh*
parents	**i genitori**	*ee jayn-ee-TOH-ree*
people	**la gente**	*lah JEHN-tay*
person	**la persona**	*lah pehr-SOH-nah*
anyone	**chiunque**	*kee-OON-kway*
everyone	**ognuno**	*oh-NYOO-noh*
no one	**nessuno**	*nehs-SOO-noh*
someone	**qualcuno**	*kwahl-KOO-noh*

Note: **La gente** (people) is always singular.

Professions & Occupations

architect	**l'architetto**	*lahr-kee-TEHT-toh*
banker	**il banchiere**	*eel beek-KYEH-ray*
carpenter	**il falegname**	*eel fah-leh-NYAH-may*
dentist	**il dentista** (mf)	*eel dayn-TEE-stah*
doctor	**il dottore**	*eel doht-TOHR-ray*
electrician	**l'elettricista**	*lay-leht-tree-CHEE-stah*
engineer	**l'ingegnere**	*lee-jeh-NYAYR-ay*
farmer	**il contadino**	*eel kohn-tah-DEE-noh*
firefighter	**il pompiere**	*eel pohm-PYEH-ray*
gardener	**il giardiniere**	*eel jahr-dee-NYEH-ray*

(mf) Indicates the same form is used for both male and female. All other nouns form the feminine, by changing the **-o** to **-a**.

(In the case of the feminine, don't forget to change **il/lo** to **la**.)

Professions & Occupations (cont.)

lawyer	**l'avvocato**	*lahv-voh-KAH-toh*
mechanic	**il meccanico**	*eel mehk-KAH-nee-koh*
pharmacist	**il farmacista** (mf)	*eel fahr-mah-CHEE-stah*
plumber	**l'idraulico**	*lee-DROW-lee-koh*
policeman	**il poliziotto**	*eel poh-lee-TSYOHT-toh*
professor	**il professore**	*eel proh-fehs-SOH-ray*
reporter	**il cronista**	*eel kroh-NEE-stah*
secretary	**il segretario**	*eel seh-greh-TAH-ryoh*
student	**lo studente**	*loh stoo-DEHN-tay*
teacher	**l'insegnante**	*leen-seh-NYAHN-tay*

When expressing someone's profession, the indefinite article **(un/una)** is not used before the name of the profession.
Note: In the case of **(mf)** you still need to change the article **il/lo** to **la** in the feminine case.

196

Italian Regions and Cities

Italy is divided in 20 regions, starting from North here they are with their administrative capitals:

La Regione:		Il Capoluogo:	
Piemonte	*pyeh-MOHN-tay*	**Torino**	*tohr-EE-noh*
Val D'Aosta	*vahl dah-OH-stah*	**Aosta**	*ah-OH-stah*
Lombardia	*lohm-BAHR-dyah*	**Milano**	*mee-LAH-noh*
Trentino Alto Adige		**Trento**	*TREHN-toh*
	trehn-TEE-noh AHL-toh ah-DEE-jay		
Veneto	*VAY-nay-toh*	**Venezia**	*vehn-AY-tsyah*
Friuli Venezia Giulia		**Trieste**	*tree-AY-stay*
	FRYOO-lee vehn-AY-tsyah JOO-lyah		
Liguria	*lee-GOO-ryah*	**Genova**	*JEH-noh-vah*
Emilia Romagna		**Bologna**	*boh-LOH-nyah*
	ehm-EE-lyah roh-MAH-nyah		
Toscana	*toh-SKAH-nah*	**Firenze**	*fee-REHN-dzay*

Italian Regions and Cities (cont.)

Umbria	*OOM-bryah*	**Perugia**	*pehr-OO-jah*
Marche	*MAHR-chay*	**Ancona**	*ahn-KOHN-ah*
Lazio	*LAH-tsyoh*	**La Capitale d'Italia è Roma**	
		lah kah-pee-TAH-lay	
		dee-TAH-lyah EH ROH-mah	
Abruzzo	*ah-BROOT-tsoh*	**L'Aquila**	*lah-KWEE-lah*
Molise	*moh-LEE-say*	**Campobasso**	
			kahm-poh-BAHS-soh
Campania	*kahm-PAH-nyah*	**Napoli**	*NAH-poh-lee*
Puglia	POO-lyah	**Bari**	BAH-ree
Basilicata	*bah-see-lee-KAH-tah*	**Potenza**	*poh-TEHN-dzah*
Calabria	*kah-LAH-bryah*	**Catanzaro**	*kah-TAHN-dzah-roh*
Sicilia	*see-CHEE-lyah*	**Palermo**	*pah-LEHR-moh*
Sardegna	*sahr-DAY-nyah*	**Cagliari**	*kah-lyee-AH-ree*

Italian Language And Dialects

Italian is spoken everywhere in Italy, but people from the different regions and cities also speak their own dialect. Very popular dialects are among others:

il veneziano	(Venezia)	*eel vehn-eht-tsee-AH-noh*
il milanese	(Milano)	*eel mee-lah-NAY-zay*
il torinese	(Torino)	*eel toh-ree-NAY-zay*
il genovese	(Genova)	*eel jeh-noh-VAY-zay*
il bolognese	(Bologna)	*eel boh-loh-NYAY-zay*
il fiorentino	(Firenze)	*eel fyoh-rehn-TEE-noh*
il romano	(Roma)	*eel rohm-AH-noh*
il napoletano	(Napoli)	*eel nah-poh-lay-TAH-noh*
il pugliese	(Puglia)	*eel poo-lyee-AY-zay*
il siciliano	(Sicilia)	*eel see-chee-lee-AH-noh*
il sardo	(Sardegna)	*eel SAHR-doh*

Il sardo is considered not a dialect, but a language because has some characteristics from Latin which the other dialects have lost.

The Body

the body	**il corpo**	*eel KOHR-poh*
arm	**il braccio**	*eel BRAHT-choh*
back	**la schiena**	*lah SKYEHN-ah*
bones	**le ossa**	*lay OHS-sah*
cheek	**la guancia**	*lah GWAHN-chah*
chest	**il petto**	*eel PEHT-toh*
chin	**il mento**	*eel MAYN-toh*
ear (inner ear)	**l'orecchia (l'udito)**	*loh-REHK-kyah (LOO-dee-toh)*
elbow	**il gomito**	*eel GOHM-ee-toh*
eye	**l'occhio**	*LOHK-kyoh*
face	**la faccia**	*lah FAHT-chah*
finger	**il dito**	*eel DEE-toh*

The Body (cont.)

foot	**il piede**	*eel PYAYD-ay*
hair	**i capelli**	*ee kah-PEHL-lee*
hand	**la mano**	*lah MAH-noh*
head	**la testa**	*lah TEH-stah*
knee	**il ginocchio**	*eel jee-NOHK-kyoh*
leg	**la gamba**	*lah GAHM-ba*
mouth	**la bocca**	*lah BOHK-kah*
neck	**il collo**	*eel KOHL-loh*
nose	**il naso**	*eel NAH-zoh*
shoulder	**la spalla**	*lah SPAHL-lah*
stomach	**lo stomaco**	*loh STOHM-ah-koh*
toe	**il dito del piede**	*eel DEE-toh dehl PYAYD-ay*

I Need a Doctor!

I need a doctor!	**Ho bisogno di un dottore!**	*oh bee-zoh-nyoh dee oon doht-TOH-ray*
I have	**Ho . . .**	*oh*
a backache	**mal di spalla**	*mahl dee SPAHL-lah*
a broken bone	**un osso rotto**	*oon OHS-soh ROHT-toh*
a cold	**un raffreddore**	*oon rahf-frehd-DOH-ray*
a fever	**una febbre**	*OO-nah FEHB-bray*
the flu	**l'influenza**	*leen-floo-EHN-zah*
a headache	**mal di testa**	*mahl dee TEH-stah*
a sore throat	**mal di gola**	*mahl dee GOH-lah*
a stomach ache	**mal di stomaco**	*mahl dee STOH-mah-koh*
a tootache	**mal di denti**	*mahl dee DEHN-tee*

I Need a Doctor! (cont.)

a burn	**una scottatura**	*OO-nah skoht-tah-TOO-rah*
a cut	**un taglio**	*oon TAH-lyoh*
nausea	**la nausea**	*lah NOW-zay-ah*
a sprain	**una distorsione**	*OON-ah dee-stohr-ZYOHN-ay*
a wound	**una ferita**	*OON-ah fehr-EE-tah*
accident	**l'incidente**	*leen-chee-DEHN-tay*
appointment	**l'appuntamento**	*lahp-poon-tah-MAYN-toh*
clinic	**la clinica**	*lah KLEE-nee-kah*
emergency	**l'emergenza**	*laym-ehr-GEHN-zah*
examination	**l'esame**	*lay-ZAH-may*
health	**la salute**	*lah sah-LOO-tay*
hospital	**l'ospedale**	*loh-spay-DAH-lay*

Pharmacy

pharmacy	**la farmacia**	*lah fahr-mah-CHEE-ah*
adhesive bandage	**il cerotto**	*eel chehr-OHT-toh*
alcohol	**l'alcool**	*LAHL-kool*
antiseptic	**l'antisettico**	*lahn-tee-SEHT-tee-koh*
antacid	**l'antiacido**	*lahn-tyah-CHEE-doh*
aspirin	**l'aspirina**	*lah-spee-REE-nah*
bandage	**la benda**	*lah BEHN-dah*
cotton	**il cotone idrofilo**	*eel koh-TOHN-nay ee-droh-FEE-loh*
gauze	**la garza**	*lah GAHR-dzah*
medicine	**la medicina**	*lah meh-dee-CHEE-nah*

204

Pharmacy (cont.)

pills	**le pastiglie**	*lay pah-STEE-lyay*
prescription	**la ricetta medica**	*lah ree-CHEHT-tah MEH-dee-kah*
razor	**il rasoio**	*eel rah-ZOH-yoh*
razor blade	**la lametta**	*lah lah-MEHT-tah*
shampoo	**lo shampoo**	*loh SHAHM-poo*
thermometer	**il termometro**	*eel tehr-moh-MEH-troh*
toothbrush	**lo spazzolino da denti**	*loh spaht-tsoh-LEE-noh dah DEHN-tee*
vitamins	**le vitamine**	*lay vee-tah-MEE-nay*

Transportation

English	Italian	Pronunciation
ambulance	**l'ambulanza**	*lahm-boo-LAHN-tsah*
airplane	**l'aereo**	*lah-EHR-ay-oh*
baby carriage	**la carrozzella**	*kahr-roht-TSEHL-lah*
bicycle	**la bicicletta**	*lah bee-chee-KLEHT-tah*
boat	**la barca**	*lah BAHR-kah*
bus	**l'autobus**	*LOW-toh-boos*
camper	**il camper**	*eel KAHM-pehr*
canoe	**la canoa**	*lah kah-NOH-ah*
captain	**il capitano**	*eel kah-pee-TAH-noh*
car	**la macchina**	*lah MAHK-kee-nah*
cruise ship	**la nave da crociera**	*la NAH-vay dah kroh-CHEHR-ah*
fire engine	**l'autopompa antincendio**	*low-toh-POHM-pah ahn-teen-CHEHN-dyoh*

Transportation (cont.)

helicopter	**l'elicottero**	*lay-lee-koht-TEHroh*
motorcycle	**la motocicletta**	*lah moh-toh-chee-KLEHT-tah*
rowboat	**la barca a remi**	*lah BAHR-kah ah REH-mee*
sailboat	**la barca a vela**	*lah BAHR-kah ah VEH-lah*
school bus	**l'autobus della scuola**	*LOW-toh-boos DEHL-lah SKWOHL-ah*
subway	**la metropolitana**	*lah meht-roh-poh-lee-TAH-nah*
taxi	**il tassì**	*eel tahs-SEE*
tow truck	**il carro attrezzi**	*eel KAHR-roh aht-TREHT-tsee*
train	**il treno**	*eel TREHN-oh*
truck	**il camion**	*eel KAH-myohn*
van	**il furgone**	*eel foor-GOH-nay*

The Car

battery	**la batteria**	*lah baht-tay-REE-yah*
brakes	**i freni**	*ee FREHN-ee*
brake light	**la luce del freno**	*ah LOO-chay dehl FREHN-oh*
bumper	**il paraurti**	*eel pah-rah-OOR-tee*
carburetor	**il carburatore**	*eel kahr-boo-rah-TOHR-ay*
engine	**il motore**	*eel moh-TOH-ray*
fender	**il parafango**	*eel pah-rah-FAHN-goh*
flat tire	**la gomma a terra**	*lah GOHM-mah ah TEHR-rah*
gas tank	**il serbatoio della benzina**	*eel sehr-bah-TOH-yoh DEHL-lah behn-DZEE-nah*
gauge	**l'indicatore**	*leen-dee-kah-TOHR-ay)*
headlight	**la luce di posizione anteriore**	*lah LOO-chay dee poh-zee-TSYOH-nay ahn-teh-ree-OH-ray*

The Car (cont.)

hood	**il cofano**	*eel koh-FAHN-oh*
horn	**il clacson**	*eel KLAHK-sohn*
ignition	**l'accensione**	*laht-chehn-ZYOH-nay*
rear view mirror	**lo specchietto retrovisore**	*loh spehk-KYEHT-toh reh-troh-vee-ZOHR-ay*
seat	**il sedile**	*eel say-DEE-lay*
spare tire	**la ruota di scorta**	*lah RWOHT-ah dee SKOHR-tah*
steering wheel	**il volante**	*eel voh-LAHN-tay*
trunk	**il baule**	*eel bah-OO-lay*
windshield	**il parabrezza**	*eel pah-rah-BREHT-tsah*
windshield wiper	**il tergicristallo**	*eel tehr-jee-kree-STAHL-loh*

In the City

English	Italian	Pronunciation
in the city	**nella città**	*NEHL-lah cheet-TAH*
avenue	**il viale**	*eel vee-AH-lay*
boulevard	**il boulevard**	*eel boo-lay-VAHRD*
bridge	**il ponte**	*eel POHN-tay*
city block	**l'isolato**	*lee-soh-LAH-toh*
corner	**l'angolo**	*LAHN-goh-loh*
downtown	**il centro**	*eel CHEHN-troh*
highway	**l'autostrada**	*low-toh-STRAH-dah*
pedestrian	**il pedone**	*eel pay-DOH-nay*
sidewalk	**il marciapiede**	*eel mahr-chah-PYEHD-ay*
street	**la via**	*lah VEE-ah*
traffic	**il traffico**	*eel TRAHF-fee-koh*

In the Classroom

the classroom	**l'aula**	*LOW-lah*
books	**i libri**	*ee LEE-bree*
chalk	**il gesso**	*eel JEHS-soh*
chalkboard	**la lavagna**	*lah lah-VAH-nyah*
crayons	**i pastelli**	*ee pah-STEHL-lee*
homework	**il compito**	*eel KOHM-pee-toh*
map	**la mappa**	*lah MAHP-pah*
notebook	**il quaderno**	*eel kwah-DEHR-noh*
problems	**i problemi**	*ee proh-BLEH-mee*
pupil's desk	**il banco**	*eel BAHN-koh*
student	**lo studente/ la studentessa**	*loh stoo-DEHN-tay/ lah stoo-dehn-TEHS-sah*
teacher	**il maestro/ la maestra**	*eel mah-EH-stroh/ lah mah-EH-strah*

Words to Describe

a little	**un poco**	busy	**occupato**
all	**tutti**	calm	**calmo**
a lot	**molto**	cheap	**poco costoso**
ambitious	**ambizioso**	clean	**pulito**
angry	**arrabbiato**	closed	**chiuso**
attractive	**attraente**	cold	**freddo**
bad	**cattivo**	confident	**spavaldo**
(the) best	**il migliore**	cowardly	**codardo**
beautiful	**bello**	crazy	**matto**
better	**meglio**	crooked	**storto**
big	**grande**	cruel	**crudele**
bigger	**più grande**	curious	**curioso**
both	**tutti e due**	dangerous	**pericoloso**
brave	**coraggioso**	dark	**scuro**

Words to Describe (cont.)

deep	**profondo**		fat	**grasso**
difficult	**difficile**		friendly	**amichevole**
diligent	**diligente**		full	**pieno**
dirty	**sporco**		funny	**divertente**
dry	**asciutto**		good	**buono**
dull	**spuntato**		guilty	**colpevole**
dumb	**stupido**		handsome	**bello**
easy	**facile**		happy	**allegro**
empty	**vuoto**		hard	**duro**
enough	**sufficiente**		healthy	**sano**
expensive	**costoso/caro**		heavy	**pesante**
famous	**famoso**		height	**la statura**
fantastic	**fantastico**		honest	**onesto**
fast	**veloce**		hot (to taste)	**piccante**

Words to Describe (cont.)

hot (to touch)	**caldo**
impulsive	**impulsivo**
innocent	**innocente**
interesting	**interessante**
jealous	**geloso**
kind	**gentile**
lazy	**pigro**
less	**meno**
light (in color)	**chiaro**
light (in weight)	**leggero**
long	**lungo**
loose	**largo**
loud	**rumoroso**
mature	**maturo**
mild	**blando**
more	**più**
narrow	**stretto**
nice	**simpatico**
nervous	**nervoso**
new	**nuovo**
none	**nessuno**
normal	**normale**
old	**vecchio**
older	**maggiore**
open	**aperto**
patient	**paziente**
pleasant	**piacevole**
polite	**cortese**

Words to Describe (cont.)

poor	**povero**	shallow	**basso**
pretty	**grazioso**	sharp	**affilato**
proud	**orgoglioso**	short (height)	**basso**
quiet	**quieto**	short (length)	**corto**
ready	**pronto**	shy	**timido**
relaxed	**rilassato**	sick	**malato**
rich	**ricco**	slow	**lento**
romantic	**romantico**	small	**piccolo**
rough	**ruvido**	smaller	**più piccolo**
rude	**rude**	smart	**intelligente**
sad	**triste**	smooth (surface)	**liscio**
sane	**sano**	so big	**tanto grande**
scared	**spaventato**	soft	**molle**
several	**vari**	some	**alcuni**

Words to Describe (cont.)

so small . . . . . . **tanto piccolo**
straight . . . . **diritto**
strange . . . . **strano**
strong . . . . **forte**
sure . . . . **sicuro**
surprised . . . . . . **sorpreso**
tall . . . . **alto**
tight . . . . **stretto**
thick (in density) **spesso**
thin (lean) . . . . . **magro**
thin (fine) . . . . . . **sottile**
too much . . . . . **troppo**
ugly . . . . **brutto**
uncertain . . . . . **incerto**

very old . . . . . . **anziano**
weak . . . . **debole**
weight . . . . **il peso**
wet . . . . **bagnato**
wide . . . . **largo**
wise . . . . **saggio**
worse . . . . **peggio**
(the) worst . . . . **il peggiore**
young . . . . **giovane**
younger . . . . . . **minore**

Action Words

abandon, to	**abbandonare**	anger, to	**arrabbiarsi**
absorb, to	**assorbire**	annul, to	**annullare**
accept, to	**accettare**	answer, to	**rispondere**
acquire, to	**acquistare**	appear, to	**apparire**
add, to	**aggiungere**	argue, to	**discutere**
adhere, to	**aderire**	arrange, to	**arrangiare**
adjust, to	**aggiustare**	arrest, to	**arrestare**
advance, to	**avanzare**	arrive, to	**arrivare**
advise, to	**consigliare**	ask, to	**domandare**
affirm, to	**affermare**	ask for, to	**chiedere**
agree, to	**essere d'accordo**	assist, to	**assistere**
allow, to	**permettere**	attack, to	**attaccare**
analyze, to	**analizzare**	attend, to	**assistere**

Action Words (cont.)

attract, to	**attrarre**	bet, to	**scommettere**
authorize, to	**autorizzare**	bite, to	**morsicare**
be, to	**essere**	blame, to	**incolpare**
be able to,	**potere**	block, to	**bloccare**
be born, to	**nascere**	blow, to	**soffiare**
be missing, to	**mancare**	boil, to	**bollire**
be worth, to	**valere**	bother, to	**dare fastidio**
beat, to	**battere**	break, to	**rompere**
beg, to	**supplicare**	breathe, to	**respirare**
begin, to	**incominciare**	bring, to	**portare**
believe, to	**credere**	build, to	**costruire**
bend, to	**piegare**	burn, to	**bruciare**

Action Words (cont.)

buy, to	**comprare**	climb, to	**salire**
call, to	**chiamare**	close, to	**chiudere**
calm, to	**calmare**	come, to	**venire**
carry, to	**portare**	come in, to	**entrare**
catch, to	**prendere**	compete, to	**competere**
cause, to	**causare**	complain, to	**lamentarsi**
celebrate, to	**celebrare**	concede, to	**concedere**
change, to	**cambiare**	conceive, to	**concepire**
charge, to	**caricare**	conclude, to	**concludere**
chat, to	**chiacchierare**	confuse, to	**confondere**
check, to	**verificare**	consent, to	**consentire**
choose, to	**scegliere**	conserve, to	**conservare**
clean, to	**pulire**	consider, to	**considerare**

Action Words (cont.)

consist, to	**consistere**	cry, to	**piangere**
consult, to	**consultare**	cure, to	**curare**
contain, to	**contenere**	cut, to	**tagliare**
contribute, to	**contribuire**	dance, to	**ballare**
control, to	**controllare**	decide, to	**decidere**
converse, to	**conversare**	declare, to	**dichiarare**
convince, to	**convincere**	dedicate, to	**dedicare**
cook, to	**cucinare**	defend, to	**difendere**
correct, to	**correggere**	delay, to	**tardare**
cost, to	**costare**	deliver, to	**consegnare**
cough, to	**tossire**	deny, to	**negare**
crash, to	**scontrarsi**	depend, to	**dipendere**
cross, to	**incrociare**	describe, to	**descrivere**

Action Words (cont.)

English	Italian	English	Italian
deserve, to	**meritare**	do (make), to	**fare**
desire, to	**desiderare**	draw, to	**disegnare**
destroy, to	**distruggere**	dream, to	**sognare**
detain, to	**detenere**	drink, to	**bere**
die, to	**morire**	drive, to	**guidare**
direct, to	**dirigere**	earn, to	**guadagnare**
discover, to	**scoprire**	ease, to	**sollevare**
discuss, to	**discutere**	eat, to	**mangiare**
dissolve, to	**dissolvere**	eliminate, to	**eliminare**
distract, to	**distrarre**	empty, to	**vuotare**
distribute, to	**distribuire**	end, to	**finire**
divide, to	**dividere**	enter, to	**entrare**

Action Words (cont.)

escape, to	**scappare**	fight, to	**combattere**
evacuate, to	**evacuare**	fill, to	**riempire**
evaluate, to	**valutare**	find, to	**trovare**
enjoy, to	**godere**	find out, to	**scoprire**
examine, to	**esaminare**	finish, to	**finire**
exchange, to	**scambiare**	fish, to	**pescare**
exist, to	**esistere**	fit, to	**adattarsi**
explain, to	**spiegare**	fix, to	**riparare**
explore, to	**esplorare**	flee, to	**fuggire**
fall, to	**cadere**	fly, to	**volare**
fear, to	**temere**	follow, to	**seguire**
feed, to	**alimentare**	forbid, to	**proibire**
feel, to	**sentire**	forget, to	**dimenticare**

Action Words (cont.)

forgive, to	**perdonare**	greet, to	**salutare**
form, to	**formare**	grow, to	**crescere**
freeze, to	**congelare**	guess, to	**indovinare**
frighten, to	**spaventare**	hang, to	**appendere**
fulfill, to	**adempiere**	happen, to	**succedere**
function, to	**funzionare**	hate, to	**odiare**
get, to	**ottenere**	have, to	**avere**
get down, to	**scendere**	heal, to	**sanare**
get near, to	**avvicinarsi**	hear, to	**udire/sentire**
give, to	**dare**	help, to	**aiutare**
go, to	**andare**	hide, to	**nascondere**
go out, to	**uscire**	hire, to	**assumere**
grab, to	**afferrare**	hit, to	**picchiare**

Action Words (cont.)

hold, to	**tenere**	install, to	**installare**
hug, to	**abbracciare**	interpret, to	**interpretare**
imagine, to	**immaginare**	introduce, to	**introdurre**
include, to	**includere**	invest, to	**investire**
increase, to	**aumentare**	investigate, to	**investigare**
indicate, to	**indicare**	invite, to	**invitare**
inflate, to	**gonfiare**	judge, to	**giudicare**
inform, to	**informare**	jump, to	**saltare**
inhibit, to	**inibire**	keep, to	**tenere**
injure, to	**ferire**	kick, to	**calciare**
insert, to	**inserire**	kiss, to	**baciare**
inspect, to	**ispezionare**	know, to	**conoscere**
insure, to	**assicurare**	know, to	**sapere**

Action Words (cont.)

lay, to	**porre**	look for, to	**cercare**
lead, to	**guidare**	loosen, to	**sciogliere**
learn, to	**imparare**	lose, to	**perdere**
leave, to	**andare via/partire**	love, to	**amare**
lend, to	**prestare**	maintain, to	**mantenere**
let, to	**permettere**	make, to	**fare**
lie, to	**mentire**	mean, to	**significare**
lift, to	**sollevare**	measure, to	**misurare**
light, to	**accendere**	meet, to	**incontrare**
like, to	**piacere**	melt, to	**sciogliersi**
listen, to	**ascoltare**	move, to	**muoversi**
live, to	**vivere**	name, to	**chiamare**
look, to	**guardare**	need, to	**avere bisogno di**

Action Words (cont.)

neglect, to	**trascurare**	open, to	**aprire**
note, to	**notare**	operate, to	**operare**
notify, to	**notificare**	oppose, to	**opporre**
obey, to	**ubbidire**	order, to	**ordinare**
oblige, to	**obbligare**	owe, to	**dovere**
observe, to	**osservare**	park, to	**parcheggiare**
obstruct, to	**ostruire**	pay, to	**pagare**
obtain, to	**ottenere**	perceive, to	**percepire**
occupy, to	**occupare**	permit, to	**permettere**
occur, to	**avvenire**	persist, to	**persistere**
offend, to	**offendere**	pickup, to	**raccogliere**
offer, to	**offrire**	plant, to	**piantare**
omit, to	**omettere**	play, to	**giocare**

Action Words (cont.)

play, to	**giocare**	propose, to	**proporre**
plug in, to	**inserire una spina**	protect, to	**proteggere**
point, to	**puntare**	prove, to	**provare**
practice, to	**praticare**	pull, to	**tirare**
pray, to	**pregare**	push, to	**spingere**
prefer, to	**preferire**	put, to	**mettere**
prepare, to	**preparare**	quit, to	**smettere**
present, to	**presentare**	reach, to	**raggiungere**
prevent, to	**prevenire**	read, to	**leggere**
proceed, to	**procedere**	receive, to	**ricevere**
progress, to	**progredire**	recognize, to	**riconoscere**
prohibit, to	**proibire**	recover, to	**recuperare**
promise, to	**promettere**	reduce, to	**ridurre**

Action Words (cont.)

refer, to	**riferire**	rob, to	**rubare**
remember, to	**ricordare**	run, to	**correre**
rent, to	**affittare**	say, to	**dire**
repeat, to	**ripetere**	scratch, to	**graffiare**
require, to	**richiedere**	search, to	**cercare**
resolve, to	**risolvere**	see, to	**vedere**
respect, to	**rispettare**	seem, to	**sembrare**
respond, to	**rispondere**	seize, to	**afferrare**
rest, to	**riposare**	sell, to	**vendere**
retire, to	**andare in pensione**	send, to	**inviare**
return, to	**ritornare**	separate, to	**separare**
ride, to	**montare**	serve, to	**servire**

Action Words (cont.)

set, to	**collocare**	stay, to	**stare**
sew, to	**cucire**	stick, to	**ficcare**
shake, to	**agitare**	stop, to	**fermare**
shine, to	**brillare**	study, to	**studiare**
shout, to	**gridare**	suppose, to	**supporre**
show, to	**mostrare**	swallow, to	**inghiottire**
sign, to	**firmare**	swim, to	**nuotare**
sing, to	**cantare**	take, to	**prendere**
sleep, to	**dormire**	take care, to	**occuparsi di**
smoke, to	**fumare**	take off, to	**togliere**
snow, to	**nevicare**	take out, to	**tirare fuori**
speak, to	**parlare**	teach, to	**insegnare**
spend, to	**spendere**	tell, to	**dire**

Action Words (cont.)

thank, to	**ringraziare**		visit, to	**visitare**
think, to	**pensare**		vote, to	**votare**
throw, to	**tirare**		wait, to	**aspettare**
tire, to	**stancare**		walk, to	**camminare**
touch, to	**toccare**		want, to	**volere**
translate, to	**tradurre**		wash, to	**lavare**
travel, to	**viaggiare**		watch, to	**guardare**
try, to	**provare**		win, to	**vincere**
turn, to	**girare**		wish, to	**desiderare**
turn on, to	**accendere**		work, to	**lavorare**
turn off, to	**spegnere**		worry, to	**preoccupare**
understand, to	**capire**		write, to	**scrivere**
use, to	**usare**			

Expressions with Essere

essere d'accordo	to agree
essere sul punto di	to be about to
essere di ritorno	to be back
essere di moda	to be fashionable
essere pronto/a	to be ready
essere in piedi	to be standing
essere seduto/a	to be seated
essere a favore di	to be in favor
essere contro	to be against
essere in vacanza	to be on vacation
essere in vendita	to be on sale
essere disposto	to be willing

Expressions with Fare

fare una passeggiata/camminata	to take a walk
fare una gita	to go on a day trip
fare una festa	to have a party
fare una telefonata	to make a call
fare un viaggio	to take a trip
fare la doccia	to take a shower
fare la colazione	to have breakfast
fare il pranzo	to have lunch
fare la cena	to have dinner

Expressions with Dare

dare su	to face, look towards, give to
dare da mangiare	to feed
dare da bere	to give a drink
dare la mano	to shake hands
dare un bacio	to kiss
dare un esame	to take an exam
dare una festa	to give (throw) a party
dare un passaggio	to give a ride
dare una soddisfazione	to make happy or satisfied
dare conto di	to give a report on

Come?

Come?	What?
Come si chiama?	What's your name?
Come sta?	How are you?
Come si dice . . .?	How do you say . . .?
Come va?	How's it going?
Come si scrive?	How do you write it?
	(How do you spell it?)
Come lo sa?	How do you know?
Come vuole pagare?	How do you want to pay?
Non so come.	I don't know how.
Come sei cresciuto!	You've really grown! (informal)
Come no!	But of course!

Che? Che cosa?

Che ora è? Che ore sono?	What time is it?
Che c'è?	What's up?
Che Le sembra . . .?	How do you like . . .?
Che ne so?	How should I know?
Che cosa è questo/a?	What is this?
Che cosa significa?	What does it mean?
Che cosa ha detto?	What did you say?
Che cosa fai?	What are you doing? (informal)
Che cosa c'è di sbagliato in quello?	What's wrong with that?
Che cosa c'è di nuovo?	What's new?
Che peccato!	What a shame! (or) Too bad!

Gerund - Irregular

There are not many irregular gerunds. The following is a list of irregular gerunds. See **Lesson 19** for the formation of regular gerunds.

bere	**bevendo**	drinking
dire	**dicendo**	saying/telling
fare	**facendo**	making/doing
tradurre	**traducendo**	translating
produrre	**producendo**	producing

Future Tense – Irregular Verbs

Some verbs have irregular future stems, although all verbs use the regular future endings.

andare (to go)	avere (to have)	essere (to be)	dovere (to have to)
(andr-)	*(avr-)*	*(sar-)*	*(dovr-)*
andrò	avrò	sarò	dovrò
andrai	avrai	sarai	dovrai
andrà	avrà	sarà	dovrà
andremo	avremo	saremo	dovremo
andrete	avrete	sarete	dovrete
andranno	avranno	saranno	dovranno

Future Tense – Irregular Verbs (cont.)

poter (can) (potr-)	vedere (to see) (vedr-)	venire (to come) (verr-)	volere (to want) (vorr-)
potrò	vedrò	verrò	vorrò
potrai	vedrai	verrai	vorrai
potrà	vedrà	verrà	vorrà
potremo	vedremo	verramo	vorremo
potrete	vedrete	verrete	vorrete
potranno	vedranno	verranno	vorranno

Present Tense – Irregular Verbs

	cogliere (to pick)	**tradurre** (to translate)	**porre** (to put)
io	colgo	traduco	pongo
tu	cogli	traduci	poni
lui/lei/Lei	coglie	traduce	pone
noi	cogliamo	traduciamo	poniamo
voi	cogliete	traducete	ponete
loro/Loro	colgono	traducono	pongono

	salire (to go out)	**trarre** (to draw)	**tenere** (to hold)
io	salgo	traggo	tengo
tu	sali	trai	tieni
lui/lei/Lei	sale	trae	tiene
noi	saliamo	traiamo	teniamo
voi	salite	traete	tenete
loro/Loro	salgono	traggono	tengono

	capire (to understand)	**piacere** (to like)	**apparire** (to appear)
io	capisco	piaccio	appaio
tu	capisci	piaci	appari
lui/lei/Lei	capisce	piace	appare
noi	capiamo	piacciamo	appariamo
voi	capite	piacete	apparite
loro/Loro	capiscono	piacciono	appaiono

239

Present Tense – Irregular Verbs (cont.)

Some of the common verbs for each category are listed below:

<u>orre-ngo</u>
porre (to put)
supporre (to suppose)
opporre (to oppose)
proporre (to propose)

<u>urre-uco</u>
produrre (to produce)
condurre (to take)
tradurre (to translate)

<u>cere-ccio</u>
tacere (to keep quite)
piacere (to like)
giacere (to lie)
nuocere (to harm)

<u>ere-go</u>
tenere (to hold)
contenere (to contain)
detenere (to detain)
mantenere (to maintain)
ottenere (to obtain)
rimanere (to remain)
valere (to be valid)

<u>ire-isco</u>
proibire (to forbid)
progredire (to progress)
ubbidire (to obey)
costruire (to built)
inserire (to insert)
contribuire (to contribute)
condire (to season)
riferire (to report)

<u>rire/rere</u> **-io**
apparire (to appear)
parere (to look like)

<u>gliere-lgo</u>
togliere (to take off/
to remove)
raccogliere (to pick up)
cogliere (to pick)
scegliere (to choose)
sciogliere (to loosen/
to melt)

<u>arre-aggo</u>
trarre (to draw)
distrarre (to distract)
contrarre (to contract)